지은이　　　　　아르투어 쇼펜하우어
　　　　　　　　　　Arthur Schopenhauer

인간의 본질과 고통을 누구보다 정직하게 마주한,
시대를 뛰어넘는 철학의 거장. 1788년 부유한 상인
의 아들로 태어나 철학자의 길을 걸었다. 서른 무렵
대표작인 『의지와 표상으로서의 세계』를 세상에 내
놓았지만 차가운 무관심 속에 묻혔고, 대학 강의마
저도 동시대 철학자 헤겔의 인기에 밀려 빈 강의실
의 좌절을 맛보았다. 결국 대학 강단을 떠나 평생 여
행과 사색 속에서 살았으며, 말년에 이르러 자신의
마지막 저서 『여록과 보유』 덕분에 비로소 명성을 얻
었다.

엮은이　　　　　　　　　김지민

철학을 공부하는 사람. 고전에서 발견한 삶의 가르
침을 현대에 어떻게 적용할 수 있을지 늘 고민한다.
출간작으로 『쇼펜하우어 인생수업: 한 번뿐인 삶 이
렇게 살아라』, 『쇼펜하우어 인생수업 2: 한 번뿐인 삶
이렇게 살아라』, 『니체 인생수업: 니체가 세상에 남
긴 66가지 인생지혜』, 『석가모니 인생수업: 석가모니
가 세상에 남긴 삶의 지혜』, 『맹자 인생수업: 세상의
소란 속에서 나를 지키는 50가지 맹자의 가르침』 등
이 있다.

쇼펜하우어 인생수업 필사집

한 번뿐인 삶,
스스로의 문장으로 다시 써라

우리는 하루에도 수없이 많은 말을 듣지만 그 대부분은 흘러간다. 스쳐 지나가는 조언과 위로 앞에서 잠시 고개를 끄덕일 뿐, 내 근본적인 삶의 태도까지는 바꾸지 못한다. 읽고 보았으며 들었다는 사실만 남고 생각은 오래 머물지 않는다.

필사는 이 흐름을 멈추는 일이다. 눈으로 읽고 지나친 문장을 손으로 다시 옮겨 적으며 말과 생각 사이에 시간을 만든다. 빠르게 소비되던 문장과 익숙하다고 여겼던 생각이 다시금 낯설게 다가온다. 필사는 문장을 내 것으로 만드는 느리지만 확실한 방법이다.

이 책은 쇼펜하우어의 문장을 필사하며 그의 철학을 따라가는 책이다. 철학을 필사한다는 것은 특별하다. 철학은 본래 삶과 분리된 학문이 아니기 때문이다. 철학은 언제나 나는 누구이며 어떻게 살아야 하는가 하는 질문에서 출발한다. 다만 그 질문이 어렵고 멀게 느껴졌을 뿐이다.

쇼펜하우어는 삶과 철학의 거리를 누구보다도 가깝게 만든 철학자다. 그는 삶을 미화하지도 인간을 이상화하지도 않는다. 그의 말은 결코 따스한 위로가 아니며 대신 우리가 애써 외면해 온 사실들을 정직하게 말한다. 삶은 고통스럽고 인간은 이기적이며 세계는 우리의 기대만큼 친절하지 않다고. 그의 철학이 낯설지 않은 이유는 그것이 현실과 정확히 맞닿아 있기 때문이다.

그러나 그의 문장을 오래 곱씹을수록 마음은 오히려 차분해진다. 그는 우리에게 절망을 선사하려는 것이 아니라 거짓된 희망과 진부한 위로를 걷어내고 삶을 있는 그대로 냉철하게 마주하게 한다. 냉정한 현실 인식 위에서만 흔들리지 않는 인간으로 살 수 있다는 점을 그는 잘 알고 있었다.

이 필사집은 그런 쇼펜하우어의 사유를 다섯 개의 질문으로 나누어 담았다.

어떻게 나의 길을 걸을 것인가.

어떻게 행복할 것인가.

어떻게 오늘 하루를 살 것인가.

어떻게 바뀔 것인가.

어떻게 함께 살아갈 것인가.

이 질문들은 철학적이지만 추상적이지 않다. 우리는 이미 매일 이 질문들 앞에 서 있다. 다만 바쁘다는 이유로, 피곤하다는 이유로 깊이 들여다보지 않을 뿐이다. 쇼펜하우어의 문장은 이 질문들을 다시 우리가 만나도록 하며 필사는 우리를 계속 그 질문들 앞에 붙잡아 둔다.

이 책은 쇼펜하우어의 철학을 따라 쓰는 책인 동시에 독자가 자기 삶을 다시 써 내려가도록 하는 책이기도 하다. 이 책에 실은 문장들은 그의 사유 가운데 핵심만을 풀어 옮긴 것들이다. 긴 해설이나 이론 대신, 생각을 나의 삶에 머무르도록 하는 문장들만을 남겼다. 필사를 통해 독자는 그 문장과 직접 마주한다. 한 글자씩 옮겨 적는 동안 질문은 자연스레 자기 자신에게로 향하게 된다. 나는 지금 어떤 삶을 살고 있는가. 나는 무엇을 기대하고 무엇에 실망하고 있는가. 나는 정말 내 삶의 주인으로 살고 있는가.

철학의 즐거움은 단번에 답을 얻는 데 있지 않다. 질문을 포기하지 않고 쉽게 넘겨버리지 않는 데 있다. 쇼펜하우어의 문장은 쉬운 해답을 주지 않는다. 대신 자신을 따라 끝까지 생각하도록 만든다. 그리고 필사는 그 사유의 과정을 중단 없이 따라가게 한다. 이 책을 덮을 즈음 독자가 자신의 삶을 바라보는 기준은 분명히 달라질 것이다. 그것으로 충분하다.

한 번뿐인 삶을 어떻게 살 것인지는 누구도 대신 결정해 줄 수 없다. 쇼펜하우어는 다만 무엇이 헛된 길인지, 어떤 태도가 삶을 덜 흔들리게 하는지를 분명히 짚어 준다. 그 문장을 따라 적으며 독자는 자기만의 삶의 윤곽을 조금씩 그려 나가게 된다. 이 책은 훌륭한 문장을 수집하는 데서 멈추지 않고 삶을 다시 써 내려가게 하는 조용한 출발점이 될 것이다.

차례

인생수업 3

어떻게 오늘 하루를 살 것인가

인생수업 4

어떻게 바뀔 것인가

인생수업 5

어떻게 함께 살아갈 것인가

001

남이 아는 것을 아는 사람은 많다, 그러나 스스로 아는 사람은 드물다

— 아르투어 쇼펜하우어

진정한 배움

공부를 한다는 것은 단순히 지식을 늘리는 일이 아니다. 그것은 자신의 사고를 세우는 일이다. 하지만 오늘날 공부는 마치 암기의 동의어처럼 쓰인다. 책의 내용을 외우고 남의 말을 그대로 인용하며 자신이 무언가를 알고 있다고 착각한다.

타인의 생각을 빌려오는 일은 쉬우나 자기 것으로 만들기 위해서는 고통이 필요하다. 스스로의 언어로 다시 정리하고 자신의 경험과 비교하며 실제로 시험해 봐야 한다. 그 과정을 거친 지식만이 자신 안에서 살아 움직인다.

진정한 배움은 외부에서 생기는 것이 아니라 내부에서 자라난다. 책이 씨앗이라면 생각은 그 씨앗이 뿌리내릴 흙이다. 아무리 많은 씨앗을 뿌려도 흙이 메마르면 싹은 트지 않는다.

사람들은 배움을 축적이라고 오해하지만 진짜 배움은 삭제의 과정이

다. 불필요한 지식, 빌려온 개념, 타인의 언어를 하나씩 지워가며 오직 자신이 직접 본 것만 남기는 것이다. 그렇게 걸러진 사유는 짧지만 명료하고 양은 적지만 강하다.

배움의 진짜 목적은 모르는 것을 알기 위해서가 아니라 스스로 생각할 수 있게 되기 위해서다. 아무리 좋은 지식을 배워도 행하지 않는다면 무슨 소용이 있겠는가? 책에서 인생에서 삶에서 배운 가르침을 실제로 시험해야 한다.

머리로 외운 지식은 언젠가 잊히지만 몸소 부딪히며 얻은 깨달음은 사라지지 않는다. 남이 준 지식이 아니라 스스로 얻은 지식만이 진짜 나를 만든다.

002

스스로 깨닫기 전까지는
아무것도 바뀌지 않는다

— 아르투어 쇼펜하우어

모든 인간은 자신의 운명을 건축한다

누군가가 바뀌길 기대하는 것은 굉장히 괴로운 일이다. 일하는 태도든 삶을 바라보는 가치관이든 사람은 쉽게 바뀌지 않는다. 단점이 바뀌지 않는다는 것은 자기중심적 욕망이 한 인간을 강하게 사로잡아 지배한다는 것이다.

기쁨, 승리, 욕망, 희망, 분노, 두려움, 의심 등 그 어떤 종류의 열정이든 간에 마치 악마의 손아귀에 빠진 것과 다름없다. 지나치게 낙관적인 사람도 문제다. 모든 것을 낙관적으로 바라보기 때문에 눈앞의 위험을 제대로 보지 못한다. 승리에 도취된 사람은 주변 사람을 지치게 할 뿐 아니라 자기의 영혼마저 무너뜨린다.

이러한 일이 일어나는 이유는 인간이 본질적으로 변하지 않기 때문이다. 그의 도덕적 성품도 일생 동안 동일하게 유지된다. 어떤 경험도 철학도 종교도 그를 본질적으로 바꾸지 못한다.

그것을 찾아가는 것이 인생이다. 인생이라는 과정에서 자신이 무엇을 추구하고 무엇을 원했는지 알아가면서 자기 자신을 이해해야 한다. 자신이 어떤 존재인지 먼저 깨닫지 않으면 외부에서 아무리 좋은 것이 주어진다고 해도 변화할 수 없다.

나의 삶을 구성하는 것은 나의 성격이다. 모든 인간은 자신의 운명의 건축가라는 말이 옳다. 우리의 삶은 결국 우리의 성격이 만들어낸 것이다. 인간은 스스로 깨닫기 전까지는 아무것도 바뀌지 않기에 모든 인간은 자신의 운명을 스스로 건축하면서 살아간다.

003

타인의 길을 그대로 걷지 말라

— 아르투어 쇼펜하우어

모방이라는 함정

많은 사람들은 생각하기보다 따르기를 원한다. 사유하기보다 모방하기를 더 쉽게 여긴다. 남이 이미 걸어둔 길에 발을 맞추며 그 길이 옳다고 믿는 데서 안도감을 얻는다. 하지만 그 길이 나에게 맞지 않을 수도 있다는 사실은 좀처럼 생각하지 않는다.

세상에는 '어떻게 살아야 하는가'를 말하는 사람이 많다. 그러나 그들의 조언은 대체로 자기 경험의 파편에 불과하다. 그것을 무비판적으로 받아들이는 사람은 자기 경험을 잃는다. 남의 사유를 그대로 삼킨다는 것은 자신의 내면을 비워버리는 일이다.

남의 판단을 빌려 사는 사람은 마치 빛을 잃은 거울일 뿐이다. 그런 삶에는 방향도 없고 의지도 없다. 지혜란 모방이 아니라 변용의 영역이다. 남의 말 속에서 통찰을 발견했다면 그것을 자기 삶의 맥락 속에서 새롭게 빚어내야 한다. 그때야 비로소 지식이 아니라 지혜가 된다.

모방하면 편할 것이다. 하지만 내면은 텅 비어버린다. 사람은 자기 고유의 성격을 따라 살아야 한다. 맞지 않는 옷이 사람을 불편하게 하듯 맞지 않는 삶의 방식은 인간을 불안하게 만든다.

남이 걸어간 길을 따라가는 것은 쉽다. 그러나 그 길을 걷는 순간 당신은 더 이상 삶의 여행자가 아니다. 아무 흔적도 없는 땅 위에 처음으로 발자국을 남길 때, 그때 비로소 인간은 '살았다'고 말할 수 있다. 타인의 지혜는 방향을 가리킬 수 있으나 발걸음은 오직 자신이 내디뎌야 한다.

004

행복의 원천은
외부가 아니라 내면에 있다

— 아르투어 쇼펜하우어

행복의 원천

인간은 누구나 행복을 원하지만 어디에서 찾아야 하는지 알지 못한다. 사람들은 '무엇을 가져야 행복한가'를 묻는다. 더 많이 벌고, 더 많이 소유하며, 더 많이 인정받는 일을 행복의 조건으로 삼는다.

행복의 기준이 외부에 있을 때 인간은 끊임없이 불안해진다. 소유한 것이 줄어들면 두려워지고 타인의 시선이 변하면 불행해진다. 외부는 언제나 변하지만 그 변화를 감당할 내면이 없다면 어떤 것도 오래 유지되지 않는다.

외부의 풍요는 항상 비용을 요구한다. 부는 사라지고 권력은 변하고 사랑은 식는다. 외부에 의존한 행복은 바다 위를 떠돌아다니는 작은 배와 같다.

진정한 행복은 외부에서 채워지는 것이 아니라 내면에서 흘러나오는 상태다. 철학과 예술, 사색과 배움은 우리를 세상으로부터 자유롭게 만

든다. 책을 읽으며 얻은 통찰, 음악 속에서 발견한 평온, 사색을 통해 만들어낸 깨달음은 타인이 빼앗을 수 없는 나만의 자산이다.

괴테는 "인간은 결국 자신에게 기대어야 한다"라고 말했다. 내면이 공허하면 풍요도 즐거움이 되지 못하지만 내면이 충만하면 결핍조차 고요하게 견딜 수 있다.

행복을 외부에서 찾는 사람은 늘 기다린다. 그러나 내면의 행복을 가진 사람은 기다리지 않는다. 그는 이미 자신이 가진 것으로 충분하다. 가진 것이 아니라 스스로 만족할 수 있는 사람이 가장 행복한 사람이다.

005

지적인 생활이 삶의 질을 올려준다

— 아르투어 쇼펜하우어

지적인 생활이 반드시 필요한 이유

인간에게는 끊임없이 열중할 수 있는 것이 필요하다. 그것이 없으면 인간은 견디지 못한다. 의무만을 수행하며 살아가는 사람은 스스로를 움직이는 기계와 같다. 해야 하기에 움직이고 습관에 따라 살아갈 뿐이다.

인간이 진정으로 살아 있다는 느낌을 받는 순간은 오직 자신의 의지와 감정이 하나의 대상을 향할 때다. 하지만 열정은 외부 대상에 의존하기에 대상이 변하면 흔들리고, 열정이 끝나면 공허만 남는다.

인간에게는 다른 균형 축이 필요하다. 그것이 바로 지적인 삶이다. 생각하고 탐구하고 깨닫는 일은 인간이 스스로를 지켜내는 가장 조용한 형태의 방어다. 독서, 음악 감상, 연극 같은 지적 활동에서 찾아오는 고요함은 단순한 휴식이 아니라 내면의 정비다.

감각의 쾌락은 순간적이고 사람에게서 얻는 기쁨은 언제든 상처로 바

뀔 수 있다. 그러나 지적 활동에서 얻는 기쁨은 가장 지속적인 형태의 기쁨이다. 책을 읽고 사색하고 무엇인가를 깊이 이해할 때 비로소 자신이 살아 있다는 사실을 느낀다.

생각하지 않는 삶은 안전해 보이지만 그 속에서 인간은 점점 둔해진다. 사유가 없는 시간은 쉬는 시간이 아니라 조금씩 무너지는 시간이다. 지적인 삶이란 단순히 지식을 쌓는 것이 아니다. 그것은 균형을 맞추는 일이자 자기 안의 힘을 기르는 일이다. 지적 활동에서 얻는 기쁨만이 고통과 공허로부터 나를 지킨다.

006

사실 사람은 자기 외에는
그 어느 것에도 관심이 없다

— 아르투어 쇼펜하우어

내가 가장 존엄하다는 착각

대부분 사람은 매우 주관적이다. 기본적으로 자기 자신 외에는 그 어느 것에도 관심이 없다. 그래서 사람들이 무슨 이야기를 하든 즉시 자신과 연관 지어 생각한다.

그 이야기가 자신의 경험과 닮아있으면 눈을 반짝이며 집중한다. 반면 중요하고 가치 있는 이야기라도 자신의 흥미를 끌지 못하면 무시하거나 인정하려 들지 않는다. 그러므로 그들은 쉽게 주의가 산만해지고, 쉽게 상처받고, 쉽게 화를 내고, 쉽게 감정이 상한다.

그런 사람들이 열광하는 것이 별자리, 타로, 점성술 같은 미신들이다. 그들은 위대한 천체의 운행을 보잘것없는 인간 개인과 연관 짓는다. 정말로 별의 움직임이 자신의 운명과 관련이 있다고 믿는가? 이 광활한 우주에서 그만큼 스스로가 거대한 영향력을 지녔다고 생각하는가?

위대한 사람으로 살아가기 위해서는 '내가 세상에서 가장 존엄하다'는

생각부터 버려야 한다. 위대한 사람들은 사소한 일 앞에서 쉽게 주의가 산만해지지도, 상처받지도, 화를 내지도 않는다. 그저 모든 말과 행동을 있는 그대로 받아들일 뿐이다.

나도 사람들과 마찬가지로 보통의 존재에 불과하다는 것을 인정해야 한다. 위대한 삶을 만들어가는 시작점은 바로 그러한 보통으로서의 자신을 인정하는 것이다.

인 생 수 업 2

어떻게 행복할 것인가

007

진짜 행복은 남이 보는 나보다
내가 아는 나에게 있다

— 아르투어 쇼펜하우어

행복의 출발점

인정은 달콤하다. 칭찬 한마디에 기분이 좋아지고 비난 한마디에 하루가 무너진다. 하지만 문제는 타인의 평가가 삶의 기준이 되어버렸을 때 시작된다.

대부분의 사람은 남이 나를 어떻게 보는지를 먼저 떠올린다. 하고 싶은 말이 있어도 주변을 살피고 가고 싶은 길이 있어도 평가를 걱정한다. 겉으로는 좋은 사람처럼 보이지만 속으로는 늘 조용한 불안이 흐른다.

남이 보는 나는 언제나 바뀐다. 어떤 날은 좋은 사람이었다가 어떤 날은 악인이 된다. 그 불안정한 평가 위에 스스로를 세워두겠는가?

진짜 행복은 남이 나를 어떻게 보는가가 아니라 내가 나를 어떻게 바라보는가에서 시작된다. 자기 안에 중심이 있는 사람은 세상의 소음에 쉽게 흔들리지 않는다. 인정에 의존한 행복은 신기루처럼 금방 사라진다.

008

고통은 행복의 반대가 아니라
행복을 인식하게 만드는 배경이다

— 아르투어 쇼펜하우어

고통의 의미

사람들은 고통을 행복의 반대라고 생각한다. 고통을 줄이는 것이 곧 행복으로 가는 길이라고 믿지만 이는 착각이다. 고통이 없는 삶은 행복한 삶이 아니라 단지 아무것도 느끼지 못하는 삶일 뿐이다. 행복은 고통을 인식할 수 있을 때 비로소 드러난다.

인간은 자신이 가진 것보다 잃은 것을 먼저 느낀다. 기쁨보다 결핍을 더 빠르게 감지한다. 고통이 언제나 행복보다 선행되는 것이다. 고통을 겪지 않은 자에게 행복이란 공기의 무게처럼 존재하되 느껴지지 않는다. 행복은 고통의 그림자 속에서만 형태를 드러낸다.

고통이 완전히 사라진 상태를 상상해보라. 그곳에는 긴장도 노력도 변화도 없다. 그런 상태는 평온이 아니라 무의 상태에 가깝다. 고통이 없다는 것은 곧 의지가 작동하지 않는다는 뜻이다. 고통은 인간이 살아 있음을 증명하는 가장 직접적인 신호다.

고통은 인간의 의식을 자극하고 잠든 감각을 깨운다. 평온이 지속되는 곳에서 인간은 둔해지고 모든 것이 당연해지며 삶의 가치마저 흐려진다. 행복이란 고통이 없는 상태가 아니라 고통을 통해 삶의 소중함을 다시 느끼는 순간에 있다.

고통의 존재 자체를 거부하지 않는 사람만이 행복을 느낄 자격을 가진다. 고통은 행복을 가리는 것이 아니라 내가 얼마나 많이 가졌고 얼마나 다른 삶을 살 수 있는지 깨닫게 만드는 배경이다. 고통이 없으면 행복도 없다.

009

고통을 없애는 가장 빠른 길은
그것을 통과하는 것이다

— 아르투어 쇼펜하우어

불행을 극복하는 방법

인생에서 고통은 예외가 아니다. 누군가에게는 무언가를 잃음으로, 누군가에게는 실패로, 또 다른 이에게는 막연한 공허로 찾아온다. 사람들은 언제나 불행을 없애려 애쓴다. 채우고, 잊고, 덮어보려 한다. 하지만 불행은 지워지지 않는다. 불행은 지우는 것이 아니라 통과해야 하는 것이다.

불행이 힘을 얻는 이유는 우리가 그것을 받아들이지 않기 때문이다. 고통을 밀어내면 고통은 더 세게 밀고 들어온다. 불행은 머무는 감정이 아니라 고난이라는 문턱을 스스로 넘길 기다리는 감정이다.

자신에게 일어난 일을 있는 그대로 인정할 때 비로소 고통은 나를 무너뜨리는 일에서 나를 알게 되는 일로 바뀐다. 인간이 불행을 두려워하는 이유는 그것이 통제 불가능하다고 느끼기 때문이다.

불행이 찾아오는 순간 삶의 속도를 줄이고 방향을 되돌아보게 한다. 그

멈춤의 순간, 나는 나 자신을 다시 구성할 기회가 생긴다. 고통을 견디는 동안 내가 무엇을 두려워하는지, 무엇을 진심으로 원하는지를 깨닫는다.

불행을 미워하는 대신 그것을 사용하라. 불행을 극복하는 방법은 잊는 것이 아니다. 내 삶의 일부로 인정하고 그것이 가진 역할을 이해할 때 비로소 불행은 제자리를 찾는다. 고통이 있어야 감정이 순환하고 감정이 순환해야 삶이 살아 숨 쉰다. 불행을 탓하는 사람은 멈추고 불행을 관찰하는 사람은 성장한다. 고통을 거부하지 말라. 그 안에서만 인간은 진짜 평화를 배운다.

010

젊은 날의 고통을 두려워하지 말라, 그것이 훗날 나를 지킬 무기가 된다

— 아르투어 쇼펜하우어

젊음과 고통

젊음은 미숙하다. 무엇을 원하는지도 모르고 무엇이 자신에게 맞는지도 모른 채 방황한다. 하지만 그것이 실패가 아니라 젊음의 특권이다. 고통은 젊을수록 값이 싸다. 늦은 후회보다 이른 실수의 대가가 훨씬 작다.

사람은 편안함 속에서 배울 수 없다. 안정은 기억을 흐릿하게 하고 불편함은 기억을 선명하게 만든다. 인생의 진짜 교훈은 잘된 일이 아니라 망가졌던 일 속에서 얻는다.

고통을 겪은 사람은 세상을 다르게 본다. 결과보다 과정을, 타인의 평판보다 내면의 평화를 중시하게 된다. 젊은 날의 고통이 값진 이유는 그 상처가 아직 회복될 시간이 충분하기 때문이다.

젊음이란 결국 방향을 모른 채 움직이는 시간의 총합이다. 그 시기에 중요한 것은 완벽한 판단이 아니라 움직이고 시도하는 경험 그 자체다. 삶의 기준은 시간이 흘러야 만들어진다.

나이가 든다는 것은 선택의 폭이 줄어든다는 것이다. 젊을 때는 실수 하나가 인생 전체를 뒤흔들지 않지만 나이가 들었을 땐 인생 전체를 흔들 수 있다. 젊은 시절의 실패는 시간이 허락한 유일한 유예기간이다.

젊음은 완벽해지기 위한 시기가 아니다. 삶을 이해하기 위해 시행착오를 감당해야 하는 시간이다. 젊은 날의 고통은 인생의 밑그림을 그리는 연필과 같다. 젊은 날의 고통, 실패, 고난, 좌절을 두려워하지 말라. 그것이 훗날 나를 지킬 무기가 된다.

011

물질로는 절대
채워지지 않는 결핍이 있다

— 아르투어 쇼펜하우어

만족의 오류

인간은 부족함을 느끼는 순간 살아 있다고 느낀다. 그 부족함이 욕망이
되고 욕망이 행동을 만든다. 돈을 벌고 물건을 사고 더 좋은 것을 원한
다. 하지만 그렇게 채워도 여전히 마음 한구석은 비어 있다.

사람은 배고픔이 해결되면 편안함을, 편안함이 주어지면 인정을, 인정
받으면 더 큰 명예를 원한다. 욕구의 모양만 바뀔 뿐 결핍은 계속 형태
를 바꿔 이어진다. 몸은 채워지는데 마음은 여전히 허전하다.

인간이 진짜로 원하는 것은 지속되는 만족감이지만 그 만족은 물질로
결코 채울 수 없다. 좋은 음식은 잠시 배를 채우고 좋은 집은 잠시 안정
을 준다. 그러나 익숙해지는 순간 만족감은 사라진다.

가득 차 있다고 믿는 순간 아무것도 없는 것처럼 느껴지고 아무리 화려
한 것도 막상 손에 들어오면 금방 빛을 잃는다. 결국 인간은 채우려는
행위 자체에 중독된 존재다.

행복은 '무엇을 더 가지느냐'의 문제가 아니라 '무엇으로 충분하다고 느끼느냐'의 문제다. 욕망이 커질수록 기준은 흔들리고 만족은 멀어진다. 진짜 풍요로움은 많이 가지는 것이 아니라 멈출 줄 아는 마음이다.

우리에게 필요한 것은 채움이 아니라 만족이다. 이미 가진 것의 무게를 느낄 수 있을 때 비로소 평온이 온다. 가진 것이 많아도 평온하지 않다면 채워야 할 것은 물건이 아니라 마음이다.

012

허영심은 타인의 눈에서 오고
자존심은 내 마음에서 온다

— 아르투어 쇼펜하우어

타인의 박수

자존심과 허영심은 자주 혼동되지만 그 뿌리는 전혀 다르다. 자존심은 스스로에 대한 명확한 확신과 평가에서 비롯된다. 타인의 평가와 무관하게 자신의 가치를 확고히 믿는 사람만이 자존심을 지닌다.

이와 달리 허영심은 타인의 인정과 관심에 의존하는 감정이다. 스스로의 확신 없이 주변 사람들의 박수와 칭찬에서 위안을 찾는 불안정한 욕구에 불과하다. 허영심은 겉에서 보기엔 무해한 듯 보이지만 그 속을 들여다보면 인간을 가장 깊은 불안과 공허로 몰아넣는 위험한 감정이다.

허영심은 타인의 시선에 완전히 종속되어 삶을 피곤하게 만든다. 계속해서 외부의 인정을 찾아 헤매느라 본래 자신이 원하는 삶을 잊게 만들고 결국 자신의 삶을 살지 못하게 만든다. 타인이 쥐고 있는 기준에 매달려 산다면 결국 타인의 꼭두각시로 전락하고 만다.

반면 자존심은 결코 외부에서 빌려 올 수 있는 것이 아니다. 오직 자신

이 평가한 자신의 가치에 따라 생겨나는 것이다. 자존심이 있는 사람은 타인의 평가가 긍정적이든 부정적이든 크게 흔들리지 않는다. 허영심을 가진 사람은 결국 타인의 평가가 멈추면 자신의 인생도 멈춘다.

013

진짜 가난은 돈이 없는 게 아니라
신념이 없는 것이다

— 아르투어 쇼펜하우어

가난의 종류

가난에는 두 종류가 있다. 하나는 주머니가 가난한 것이고 다른 하나는 마음이 가난한 것이다. 전자는 인간을 일시적으로 불편하게 만들지만 후자는 인간을 영원히 초라하게 만든다.

가진 게 많지 않다는 것은 단지 소유가 부족한 상태일 뿐이다. 그러나 자존심이 없다는 것은 존재의 근거가 사라진 상태다. 주머니가 비어 있으면 다시 채울 수 있지만 자존심이 무너지면 스스로 채울 힘조차 잃는다.

정신적 가난은 스스로의 선택에서 시작된다. 신념을 잃는 일은 한순간이다. 한 번 굴복한 사람은 그 굴복에 익숙해진다. 더 이상 자신의 판단으로 움직이지 않고 세상의 눈치를 보고 편의를 위해 신념을 버린다.

가진 게 없으면 겸손해질 수라도 있다. 그러나 자존심의 상실은 인간을 비굴하게 만든다. 겸손은 자신을 낮추되 중심을 지키는 것이지만 비굴은 자신을 포기하고 타인에게 중심을 넘기는 것이다.

정신의 가난은 눈에 보이지 않지만 행동에는 확실하게 드러난다. 권력자에게만 웃고 약자에게는 냉담하다. 자존심이 없는 사람은 늘 두렵다. 그 두려움을 감추기 위해 더 큰 목소리로 아부한다.

마음이 부유한 사람은 환경에 휘둘리지 않고 가진 게 없어도 품위를 잃지 않는다. 가치의 기준은 언제나 자기 안에 있다. 진짜 약자는 가진 게 없는 사람이 아니라 스스로의 신념을 버린 사람이다. 인간이 지켜야 할 가장 큰 부는 스스로를 존중할 이유다.

014

천재는 고독해질 수밖에 없다

— 아르투어 쇼펜하우어

고독의 본질

위대한 정신은 언제나 고독하다. 이것은 미사여구가 아니라 철학적 사실이다. 어떤 이들은 세상의 소음이 사유를 방해한다는 사실을 일찍 깨닫는다. 그때부터 그들은 고요한 공간을 찾는다. 그 공간이 바로 고독이다.

사람은 군중 속에서 안심하지만 그 안심은 자신의 생각을 잃는 대가로 얻는 평화다. 깊은 사유는 집중된 정신에서만 자란다. 그 집중된 정신이 바로 고독이다.

진정한 천재란 특별한 재능을 타고난 사람이 아니라 본질을 끝까지 파고들 용기를 가진 사람이다. 그 용기는 혼자 있어야만 얻어진다. 고독 속에서는 타인의 평가가 사라지고 오직 자신의 생각만이 남는다.

많은 사람이 고독을 피하려 든다. 그러나 고독을 피한 자는 결코 깊어질 수 없다. 사유는 정적 속에서 성장하고 생각은 침묵을 먹고 자란다.

고독을 견디기 시작하면 다른 종류의 증거를 발견한다. 타인의 인정을 대신할 내면의 확신이다. 천재가 고독할 수밖에 없는 이유는 고요 속에서 세상의 본질을 관찰하기 때문이다. 혼자 있을 때 자신을 잃지 않는 사람만이 세상 속에서도 흔들리지 않는다.

015

가장 강력한
즐거움의 원천은 건강이다

— 아르투어 쇼펜하우어

모든 행복의 기초

행복을 묻는 사람에게 대답은 언제나 멀리서 들려온다. 성공, 사랑, 명
예, 부. 인간은 늘 그 먼 곳을 향해 손을 뻗는다. 그러나 그 모든 것을 얻
고도 단 하나를 얻지 못하면 절대 행복할 수 없다. 그 하나는 건강이다.

건강은 행복의 조건이 아니라 행복 그 자체다. 건강하지 않은 사람에게
세상의 모든 쾌락은 의미가 없다. 눈이 아픈 사람은 그림을 보지 못하고
귀가 아픈 사람은 음악을 듣지 못한다. 건강은 인간이 느낄 수 있는 모
든 즐거움의 문을 여는 열쇠다.

대부분의 사람은 건강을 잃기 전까지는 그 가치를 모른다. 병이 찾아오
면 비로소 깨닫는다. 평범한 일상이 얼마나 큰 축복이었는지를.

건강은 인간의 의식을 맑게 한다. 육체가 균형을 잃으면 정신도 흔들리
고 정신이 흔들리면 육체의 균형도 무너진다. 몸이 건강하면 작은 일에
도 감사할 줄 알고 몸이 병들면 큰 행복조차 감당하지 못한다.

돈이 많아도 병들면 그 돈은 약의 값으로만 쓰인다. 명예를 얻어도 병들면 그 명예를 향유할 힘이 없다. 결국 건강은 인간이 다른 모든 즐거움을 누릴 수 있는 전제 조건이다. 건강한 몸과 맑은 정신 위에서만 행복이 꽃핀다.

016

풍요로운 정신은
자유와 여유가 필요하다

— 아르투어 쇼펜하우어

정신과 휴식

세상은 부지런함을 미덕으로 여긴다. 쉬지 않고 일하며 무언가를 계속 성취하는 사람이 가치 있다고 생각한다. 하지만 풍요로운 정신은 끊임 없는 바쁨에서 나오지 않는다. 정신을 풍요롭게 가꾸기 위해서는 오히려 한가로운 시간을 더 많이 보내야 한다.

지친 상태에서는 정신이 깊어질 수 없다. 하루를 바쁘게 보내고 나면 머릿속은 잡다한 생각으로 어지럽다. 사람은 몸과 마음에 충분한 여백이 있을 때 비로소 깊이 있는 생각을 할 수 있다.

흔히 휴식이나 여유는 시간을 낭비하는 것이라고 여긴다. 휴식은 아무 것도 하지 않는 빈 시간이 아니다. 오히려 정신이 자유롭게 움직일 수 있도록 여백을 만드는 것이다. 이 시간은 내면의 깊이를 확장하는 데 꼭 필요하다.

자신의 내면을 들여다볼 시간이 없으면 자신의 삶이 어떤 방향으로 흘

러가고 있는지 알지 못한다. 삶이 습관적으로 반복되는 일의 연속처럼 느껴질 뿐이다.

현대인은 조금만 쉬려고 해도 불안이 찾아온다. 모두가 바쁘게 달려가고 있는데 혼자 뒤처지는 느낌이 들기 때문이다. 정신적으로 풍요로운 삶을 살기 위해서는 용기를 내어야 한다. 그 용기란 바로 스스로에게 휴식을 허락하는 것이다. 여유와 휴식은 우리에게 주어진 사치가 아니다. 삶을 더 건강하게 만드는 특권이다.

인 생 수 업 3

어떻게 오늘 하루를 살 것인가

017

시간이 빠르게 흐르는 것이 아니다, 나의 감각이 느려진 것이다

— 아르투어 쇼펜하우어

잊혀지는 시간의 법칙

나이가 들수록 인생이 짧게 느껴지는 이유는 시간의 속도가 변한 것이 아니라 시간을 느끼는 나의 감각이 달라졌기 때문이다.

젊을 때의 하루는 길다. 모든 것이 새롭고 모든 경험이 '처음'이다. 하지만 같은 일이 반복되면 감각은 무뎌지고 시간의 밀도는 희미해진다. 시간이 짧아지는 것이 아니라 기억이 압축되어 사라지는 것이다.

진짜로 '살아 있었다'고 느낀 순간만이 기억된다. 그 순간들이 드물어질수록 인생 전체가 빠르게 지나가는 듯 느껴진다. 새로운 자극은 뇌에 흔적을 남기지만 익숙함은 흔적을 남기지 않는다.

추억을 잃지 않기 위해서는 새로움을 회복해야 한다. 같은 길을 걸으면서도 다르게 바라보는 것, 그것이 진짜 새로운 경험이다.

깊이 살아낸 하루는 한 달보다 길고, 무의미하게 보낸 한 달은 한순간처럼 짧다. 지금 이 순간을 완전히 의식하는 것이야말로 시간을 늘리는

유일한 법이다. 인생을 길게 만드는 방법은 더 많이 사는 것이 아니라

더 깊이 느끼는 것이다.

018

정신의 불은 움직임이 멈출 때부터
꺼지기 시작한다

— 아르투어 쇼펜하우어

밝은 정신의 기원

밝은 정신은 단순히 낙관적인 마음에서 비롯되지 않는다. 그것은 육체의 리듬과 밀접하게 연결되어 있다. 정신이 아무리 고결하더라도 몸이 침체되어 있으면 사유는 흐려지고 의지는 약해진다. 정신은 몸의 그림자이기 때문이다.

많은 사람이 밝은 정신을 얻기 위해 명상이나 독서를 택한다. 하지만 그보다 먼저 회복되어야 하는 것은 움직임이다. 움직임은 생명의 가장 원초적인 언어다. 오직 인간만이 문명을 핑계로 멈춰 서 있다. 그 멈춤 속에서 정신은 점점 탁해진다.

인간의 정신도 물과 비슷하다. 고여 있는 물은 안쪽에서 이미 썩어가는 것처럼 움직임이 없는 삶이란 평화가 아니라 정체다. 몸을 움직인다는 것은 정신을 외부로 이끄는 가장 직접적인 방법이다.

몸이 가만히 있을 때 마음은 과거를 되새기며 스스로를 괴롭힌다. 그러

나 몸이 움직이기 시작하면 마음은 현재를 인식한다. 멈춘 사람은 생각 속에 갇혀 자신을 소모하지만 움직이는 사람은 생각을 이끌고 현실 속으로 들어간다.

정신이 병드는 이유는 생각이 많아서가 아니라 몸을 움직이지 않아서다. 인간의 행복은 신체의 활력과 분리될 수 없다. 행복을 원한다면 먼저 몸을 움직여야 한다. 몸이 움직일 때 정신도 따라 움직이고, 정신이 움직일 때 비로소 삶이 다시 흘러간다.

019

인생의 행동과 선택은
모두 습관이 결정한다

— 아르투어 쇼펜하우어

삶을 지배하는 보이지 않는 힘

살면서 수많은 결정을 내리고 그 결정이 곧 자신을 만든다고 믿는다.
하지만 자세히 들여다보면 우리의 삶 대부분은 의식적인 결정보다 무
의식적인 습관에 좌우되고 있다. 습관은 자신이 생각하는 것보다 훨씬
더 강력하고 근본적인 삶의 힘이다.

인간의 행동과 삶의 모든 과정은 결국 개인의 가장 뿌리 깊은 습관에
의해 지탱된다. 습관은 우리의 인격, 가치관, 심지어 삶의 방향까지 결
정하는 무형의 힘이다. 습관이 형성되고 나면 자동으로 그 습관을 따라
행동하게 된다. 습관이 우리의 의지보다 훨씬 더 큰 힘을 갖는 이유는
의식적인 결정보다 빠르고 강력하게 행동을 지배하기 때문이다.

삶의 피로와 불만의 상당 부분은 자신이 무의식적으로 반복하고 있는
부정적 습관일 가능성이 크다. 하지만 긍정적인 습관은 삶을 좋은 방향
으로 이끌 수 있는 가장 강력한 무기가 될 수 있다. 습관이 중요한 것은

작은 습관이라도 장기적으로 축적되면 엄청난 변화를 만들어 내기 때문이다.

자신이 반복하는 습관을 의식적으로 점검하고 개선하는 태도를 가져야 한다. 삶의 변화는 거대한 결심에서 시작되지 않는다. 아주 작고 사소한 습관의 변화에서 출발한다.

020

지금 내 앞에 있는 것에 익숙해져야 한다

— 아르투어 쇼펜하우어

걱정이라는 본능

인류의 역사는 언제나 두려움과 함께해왔다. 두려움은 본능이다. 인간은 인간이기 전에 동물이다. 낯선 것을 경계하지 않았다면 인류는 오래전에 사라졌을 것이다. 걱정은 생존의 증거다.

문제는 오늘날 그 걱정이 생존을 위한 것이 아니라 삶을 잠식하는 습관이 되었다는 점이다. 우리는 모든 가능성을 미리 계산하고 모든 실패를 상상한다. 마음속에서 일어나지 않은 일을 수천 번 반복한다.

인간이 무언가를 걱정하는 것의 이면에는 행복이 영원히 지속되어야 한다는 믿음이 있다. 하지만 삶은 그렇게 설계되어 있지 않다. 삶은 오르내리고 변하고 흘러가며 그 불완전함 속에서만 지속된다.

상상은 언제나 현실보다 잔인하다. 일어나지도 않은 일에 마음이 지쳐버리고 아직 오지도 않은 날을 두려워하며 오늘의 평화를 소비한다. 걱정이 많은 사람은 단 한 순간도 마음을 놓지 못한다.

인간이 해야 하는 것은 걱정 없이 사는 법을 터득하는 게 아니라 걱정과 함께 사는 법을 배우는 것이다. 아직 일어나지 않은 일을 미리 걱정하지 말라. 걱정은 미래를 바꾸지 못하지만 현재를 훼손시킨다.

일어나지도 않은 불행을 미리 떠올리지 말고, 아직 오지 않은 행운을 미리 상상하지 말라. 지금의 순간을 있는 그대로 살아내는 것, 그것이 평온함으로 가는 길이다. 지금 걱정하는 대부분의 일은 결코 일어나지 않는다.

021

좋은 일은 즉시 결실을 맺지 않는다

— 아르투어 쇼펜하우어

좋은 일의 진정한 의미

인간은 결과를 재촉하는 존재다. 즉시 반응을 얻고 가치를 확인받고 싶어 한다. 하지만 선한 일, 진정으로 가치 있는 일은 그런 식으로 작동하지 않는다. 좋은 일은 언제나 느리고 조용하게 자란다.

즉시 결실을 맺는 일들은 대체로 효과에 불과하다. 계산으로 이루어진 일은 결과가 빠르지만 퇴색도 빠르다. 반면 진심으로 행한 일은 천천히 자라며 시간이 쌓일수록 의미가 단단해진다.

금세 주목받고 금세 잊히는 것들은 가볍다. 오래 남는 것은 언제나 조용히 시작된 것들이다. 숲의 나무가 천천히 자라듯 한 사람의 삶도 오랜 세월 뿌리를 내리며 힘을 얻는다.

좋은 일은 씨앗과 같다. 심은 순간부터 자라지만 열매를 보는 일은 나중의 일이다. 그 결실은 언제나 늦게 찾아오지만 한 번 맺히면 오래 남는다.

좋은 일을 하고도 반응이 없다고 낙심하지 말라. 진짜 좋은 일은 언제나 늦게 찾아온다. 그리고 그렇게 찾아온 것이 내 곁에 오래 머문다. 빨리 빛나는 것은 불꽃이고 오래 타는 것은 불이다.

022

시간을 흘려보내는 사람은 많지만
시간을 다스리는 사람은 드물다

— 아르투어 쇼펜하우어

시간을 다루는 사람

사람마다 똑같이 주어지는 것이 있다. 바로 시간이다. 그러나 어떤 사람의 하루는 묵직하고 어떤 사람의 하루는 아무 흔적 없이 흘러간다.

"시간을 보냈는가, 아니면 사용했는가."

대부분의 사람은 하루를 견디며 보낸다. 피곤하니까 쉬고 기분이 좋으니까 미루고 아무 생각 없이 흘려보낸다. 그렇게 지나간 시간은 아무것도 쌓이지 않는다.

반면 어떤 사람은 하루를 쌓아간다. 작은 일이라도 계획을 세우고 조금이라도 나아진 자신을 확인한다. 시간을 다루는 태도가 삶의 수준을 결정한다.

시간을 잘 쓰는 사람은 감정보다 원칙을 따른다. 감정은 바뀌지만 원칙은 방향을 지킨다. 시간을 흘려보내는 사람은 늘 변명을 준비한다. 하지만 시간은 기다려주지 않는다.

시간을 제대로 쓰는 사람은 미루지 않는다. 그 작은 결심이 일주일을 바꾸고 한 달의 습관이 바뀌고 인생의 방향이 바뀐다. 오늘의 나는 내일보다 젊고 가능성은 매일 하루만큼씩 줄어든다. 시간은 흘려보내는 것이 아니라 다루는 것이다.

023

충분히 생각하되 결정은 빠르게 해야 한다

— 아르투어 쇼펜하우어

생각과 결정

무슨 일을 하든 심사숙고하는 자세는 필요하다. 그러나 너무 조심스러운 나머지 시작조차 하지 못하는 것은 좋지 않다.

누구에게나 명확한 계획과 기대가 있다. 그러나 세상은 한 사람의 예측을 가볍게 뛰어넘는다. 언제나 변수는 존재하며 의도대로만 흘러가지 않는다. 아무리 철저하게 숙고해도 인간 지식의 불충분함은 존재한다. 이러한 딜레마 앞에서 사람은 두 가지 생각을 한다. 저질러 버릴 것인가, 아예 시작도 하지 않을 것인가. 누군가는 '아무것도 건드리지 말라'고 조언한다. 실패할 바에야 아예 시작하지 않으면 실패는 없을 것이라고 판단한다.

하지만 실패할 것이 걱정돼 아무것도 하지 않으면 실패할 확률은 0이 될지 모르나 성공할 확률 역시 0이 된다. 예기치 않은 실패가 있을 수 있지만 예기치 못한 성공 역시 충분히 있을 수 있다.

일단 결정을 내리고 계획을 실행해야 한다. 그런 다음에는 이미 실행한 일을 반복해서 생각하거나 걱정하기보다 충분하게 잘 해냈다는 확신을 가져야 한다. 실행한 이후에 일어나는 것들은 언제나 수정 가능하다. 너무 오래 망설이지 말라. 완벽한 판단이란 애초에 존재하지 않는다. 생각은 신중해야 하지만 결정은 과감해야 한다. 머뭇거리는 사이 선택의 기회는 이미 지나가 버린다. 완벽한 순간을 기다리기보다 지금 이 순간을 완벽하게 써라.

024

망설임은 생각이 깊어서가 아니라
두려움이 깊어서 생긴다

— 아르투어 쇼펜하우어

망설임의 이유

절벽에서 아래로 뛰어내려야만 하는 상황이다. 그 어떤 곳으로도 갈 수 없다. 오로지 내가 할 수 있는 것은 아래로 뛰어내리는 것뿐이다. 심지어 뛰어내려야만 한다는 것을 알고 있다. 하지만 망설여진다.

살다 보면 비슷한 상황을 겪을 때가 있다. 정답을 뻔히 알고 있으면서도 망설이게 되는 상황에서 흔히 사람들은 신중하게 생각을 거듭하고 있다고 착각한다. 그러나 그것은 단지 용기의 결여일 뿐이다. 무언가를 결정해야 할 때 망설이게 되는 이유는 생각이 깊어서가 아니라 두려움이 깊어서다.

확신에 찬 결단이란 존재하지 않는다. 확신을 가질 때까지 기다리는 것은 결국 아무것도 하지 않겠다는 말과 같다. 발을 떼지 못하는 것은 실패에 대한 두려움 때문이다.

결정을 미룰수록 기회는 점점 멀어진다. 두려움은 오히려 점점 커진다.

결국 망설이는 것은 결정을 내리지 않음으로써 자신을 보호하는 것처럼 보이지만 사실은 더 큰 손해를 만들고 있는 것이다.

진정한 결단이란 불확실성을 감수하는 행위다. 이것은 용기 없이는 불가능하다. 아무리 뛰어난 분석력이 있어도 용기가 부족하면 끊임없이 결정을 유보한다. 망설임은 깊은 생각의 결과가 아니다. 단지 두려움을 감추기 위한 가장 손쉬운 변명이다. 지성이 아니라 담대함이 필요한 순간이다.

모든 인간이 가진 가장 중요한 재산은 오늘이라는 하루다. 돈, 명예, 권력 같은 외적인 것들은 잃으면 언젠가 다시 얻을 수도 있지만 오늘 하루는 절대 되찾을 수 없다.

모든 것은 사라지기 위해 존재한다

— 아르투어 쇼펜하우어

유한함의 아름다움

사람은 늘 어딘가를 향해 달려간다. 더 행복한 삶, 더 많은 재산, 더 성공한 미래를 꿈꾼다. 그토록 원하던 목표에 도달하면 과연 행복해질까? 그렇지 않다. 목표에 도달하는 순간 다시 새로운 목표가 생긴다.

이러한 현상의 본질은 끊임없는 생성과 소멸의 반복에 있다. 세상은 결코 완성된 상태로 존재하지 않는다. 모든 것은 끊임없이 변화하고 있으며 영구적으로 고정된 것은 단 하나도 없다. 우리가 붙잡고 있는 것은 결국 사라지기 위해 존재할 뿐이다.

아름답게 핀 벚꽃을 떠올려 보자. 봄날의 벚꽃은 사람들에게 설렘과 기쁨을 주지만 얼마 지나지 않아 흩날리며 사라진다. 사람들이 벚꽃의 아름다움을 더욱 강렬히 느끼는 이유는 바로 그 짧고 덧없는 생명력 때문이다.

무언가를 영원히 소유할 수 없다는 사실을 받아들이는 순간부터 지금

이 순간을 더 충실하고 의미 있게 보내게 된다. 우리가 가진 모든 것이 언젠가는 사라질 수밖에 없다는 사실을 이해하면 매 순간을 소중하게 받아들이게 된다. 벚꽃이 아름다운 이유가 사라지기 때문이듯 삶 또한 유한하기에 의미가 있다.

028

현재만 사는 동물이
과거와 미래를 사는 인간보다 행복하다

— 아르투어 쇼펜하우어

고통의 원인

인간은 자신이 동물보다 더 뛰어난 존재라고 자부한다. 실제로 인간은
언어와 문명을 발전시키고 과학과 기술을 통해 세상을 끊임없이 변화
시켜 왔다. 하지만 과연 동물보다 인간이 더 행복한가?

동물의 삶이 인간보다 고통이 더 적다. 동물의 삶은 끊임없는 현재의
연속이기 때문이다. 역설적으로 더 발전된 인식과 지성을 가진 인간이
더 큰 고통을 겪을 수밖에 없다. 그 이유는 인간의 의식이 과거와 미래
를 인식하기 때문이다. 인간은 과거에 대한 후회와 미래에 대한 걱정을
안고 살아간다.

행복과 불행은 결국 현재에 얼마나 집중할 수 있느냐에 따라 결정된다.
동물은 현실의 경계선을 넘지 않고 매 순간을 온전히 받아들인다. 만족
을 얻기 위한 조건이 훨씬 낮으며 삶의 기쁨을 얻기 위한 장벽도 낮다.
인간이 겪는 고통과 고민의 대부분은 이미 지나간 과거와 아직 오지 않

은 미래에 있다. 현재의 순간만이 진짜로 존재하는 것임에도 불구하고 끊임없이 스스로를 괴롭힌다.

029

세상은 오직 내 마음이 그려낸 그림일 뿐이다

— 아르투어 쇼펜하우어

마음의 중요성

세상은 객관적이고 절대적인 실체로 존재하는 것처럼 느껴진다. 사실 세상의 모습은 보는 사람에 따라 끊임없이 변하는 하나의 그림에 불과하다. 쇼펜하우어는 '세계는 나의 표상이다'라고 말했다. 이는 세상이란 결국 나의 의식과 지각 속에서만 존재하며 내 마음 없이는 아무 의미도 없다는 뜻이다.

사람이 동일한 사건을 겪고도 서로 다른 기억과 감정을 가지는 이유가 바로 이것 때문이다. 모두 자신만의 색안경을 쓰고 세상을 바라본다. 같은 풍경도 어떤 사람에게는 평화롭게 다가오지만 또 어떤 사람에게는 우울하고 쓸쓸한 정경으로 보일 수 있다.

모든 행복과 불행도 마찬가지다. 행복의 조건을 외부 세계에 두고 만족스러운 환경을 끊임없이 추구해도 정작 내 마음이 만족하지 못하면 행복을 느끼지 못한다. 결국 행복과 불행은 환경이 아니라 나의 인식과

태도가 결정하는 것이다.

가장 중요한 것은 상황 그 자체가 아니라 그것을 해석하는 내 마음이다. 똑같은 일을 겪고도 그것을 좌절의 계기로 삼을지 성장을 위한 발판으로 삼을지는 전적으로 내 마음에 달려 있다. 세상은 내 마음이라는 캔버스 위에 매일 새롭게 그려지는 하나의 작품이다.

030

사람의 얼굴에는
살아온 삶이 새겨져 있다

— 아르투어 쇼펜하우어

영혼의 기록

얼굴은 단순한 외적 형태가 아니다. 살아온 삶의 축적이며 감정과 의지
의 흔적이 겹겹이 쌓인 표면이다. 세월이 흐를수록 얼굴은 살아온 삶을
품는다. 사람의 얼굴에는 그가 살아온 태도, 견딘 시간, 숨기지 못한 욕
망이 모두 새겨져 있다.

젊은 얼굴은 가능성으로 가득하다. 그러나 시간이 지나면 얼굴은 하나
의 문장이 된다. 그 문장은 그가 세상을 대하는 방식으로 쓰인다. 진실
을 외면한 사람의 얼굴은 차가워지고 욕망에 휘둘린 사람의 눈은 탐욕
으로 흔들린다.

인간의 얼굴에는 두 개의 시간이 흐른다. 하나는 육체의 시간이고 다른
하나는 정신의 시간이다. 첫 번째는 누구에게나 동일하지만 두 번째는
삶의 방식에 따라 다르게 새겨진다. 세월이 얼굴을 늙게 하는 것이 아
니라 삶의 태도가 얼굴을 완성시킨다.

거짓된 삶은 얼굴에도 흔적을 남긴다. 꾸민 말, 감춘 욕심, 억누른 불만은 언젠가 표정의 왜곡으로 드러난다. 한 사람의 말이 순간의 생각을 보여준다면 그의 얼굴은 평생의 사고방식을 드러낸다.

인간의 얼굴은 스스로에게서 도망칠 수 없는 유일한 증거다. 말은 거짓으로 꾸밀 수 있어도 얼굴은 숨길 수 없다. 인생은 지나가지만 그 흔적은 얼굴에 남는다.

031

거울 없이 치장하는 것보다
조언 없이 결정하는 것이 더 나쁘다

— 아르투어 쇼펜하우어

올바른 조언

수없이 많은 선택의 기로에서 어떤 선택은 사소하지만 또 다른 선택은 인생의 흐름을 완전히 바꿔 놓는다. 이러한 중대한 결정을 내릴 때 흔히 저지르는 실수는 자신의 판단을 과신하는 것이다. 인간은 본질적으로 자신에 관한 문제일수록 객관성을 잃기 쉽다.

인간이 자기 자신을 객관적으로 보는 일은 거울 없이 자기 얼굴을 보는 것만큼이나 어렵다. 거울이 없다면 얼굴을 제대로 볼 수 없듯 타인의 조언이 없다면 나의 판단 역시 불완전할 수밖에 없다. 특히 자신의 감정이나 이익이 직접적으로 얽힌 문제에서는 더 편향되게 바라본다.

타인의 조언은 새로운 시각을 제시한다. 다른 사람은 내 상황에 감정적으로 깊이 얽혀 있지 않기 때문에 보다 명확하고 객관적인 시야로 문제를 바라볼 수 있다. 내가 놓치고 있는 것이나 내 판단이 얼마나 현실과 동떨어져 있는지 일깨워 준다.

조언을 구한다는 것은 타인의 의견을 맹목적으로 받아들이라는 뜻이 아니라 자신의 판단을 넓은 시야와 다양한 각도에서 다시 바라보라는 의미다. 중요한 결정 앞에서 타인의 조언을 듣는다는 건 스스로의 한계를 인정하는 것이다.

032

너무 오래 생각하면
오히려 흐릿해진다

— 아르투어 쇼펜하우어

깊이의 착각

해결해야 하는 문제가 있다. 아무리 생각해도 풀리지 않는 고민이 있다. 이럴 때 대부분 집중해서 오랜 시간 매달리는 선택을 내릴 것이다. 하나의 생각에 오랜 시간 매달릴수록 더 좋은 결과가 나올 거라고 기대한다. 그러나 현실은 그렇게 단순하지 않다.

사고는 무작정 밀어붙인다고 선명해지지 않는다. 오히려 반대로 하나의 생각에 지나치게 몰두할 경우 정신은 점차 혼란과 무기력 상태에 빠지게 된다. 마치 한곳을 오래 응시하면 시야가 흐려지는 것과 비슷하다. 처음에는 분명히 보였던 윤곽이 점점 뿌옇게 번지고 아무것도 제대로 볼 수 없게 된다.

생각의 흐름은 언제나 끊임없이 움직이는 물결과 같다. 하나의 주제에 지나치게 오래 붙잡혀 있으면 결국 정체되어 앞으로 나아가지 못한다. 마치 물이 오랫동안 고여 썩어 가는 것과 비슷하다.

우리가 해야 하는 일은 단순히 더 오래 붙잡는 것이 아니다. 잠시 그 생각에서 빠져나오는 것이다. 문제에서 벗어나 새로운 것을 경험하고 다른 것을 느껴 보는 것이 필요하다. 삶의 지혜는 잠시 멈추는 데 있다.

인 생 수 업 5

어떻게 함께 살아갈 것인가

033

인간관계는 많을수록 불행하고
단순할수록 평온하다

— 아르투어 쇼펜하우어

불행이 자라나는 곳

행복은 사람의 수에서 오지 않는다. 삶이 단순할수록, 관계가 정리될수록 마음은 고요해진다. 인간은 본능적으로 타인을 통해 자신을 확인하려 하지만 그 과정에서 가장 많이 소모되는 것도 역시 자기 자신이다.

관계는 필요하지만 과잉된 관계는 정신의 피로로 이어진다. 누구에게나 좋은 사람이 되려는 욕망은 결국 자기 자신을 죽이는 일이다. 의존하는 순간부터 나의 중심은 사라진다.

인간관계가 많을수록 불행한 이유는 복잡한 관계 속에서 늘 감정을 계산하기 때문이다. 말의 뉘앙스, 표정의 미묘함, 상대의 기분까지 고려하여 하루를 소모한다. 오해는 쌓이고 서운함은 남고 피로는 내면에 가라앉는다.

단순한 관계는 인간을 선명하게 만든다. 그 안에서는 꾸밀 필요가 없고

경쟁도 없다. 자유는 외로움의 부작용이 아니라 고독의 결과다. 고독은 세상의 소음 속에서 나를 되찾는 과정이다.

단순한 관계는 삶의 중심을 다시 나에게 되돌리는 행위다. 타인을 줄이면 기대가 줄고 기대가 줄면 실망도 줄어든다. 관계의 복잡함이 사라지면 남는 것은 오직 자기 자신뿐이다. 세상은 늘 확장을 요구하지만 삶은 축소로 완성된다.

034

과도한 관계 의존도 일종의 질병이다

— 아르투어 쇼펜하우어

관계라는 질병

삶에서 가장 명료하고 냉정한 진실 중 하나는 이것이다. 인간은 본질적으로 혼자라는 점이다. 인생의 평균을 내어보면 인간은 나이가 들수록 혼자 있는 시간이 압도적으로 많아진다.

젊은 시절엔 관계가 삶의 중심에 놓인다. 그러나 세월이 흐를수록 관계는 자연히 줄어들고 삶은 점점 자기 자신과 마주하는 시간으로 옮겨간다. 그 사실을 인정하지 않으면 고독이 찾아올 때마다 무너진다.

고독은 피해야 할 질병이 아니라 견뎌야 할 삶의 본질이다. 혼자 있을 때 무엇으로 행복해질 수 있는지를 알아내는 것이야말로 가장 성숙한 배움이다. 하지만 많은 사람이 여전히 공허를 타인을 통해 채우려 한다. 타인을 의지하며 자신의 내면을 타인의 존재에 위탁한다. 그 결과 관계가 흔들릴 때마다 자기 자신까지 함께 흔들린다. 세상의 모든 불행의 근원에는 혼자 있지 못하는 마음이 숨어 있다.

관계는 삶을 풍요롭게 만들 수도 있지만 지나치게 매달리는 순간부터 병이 된다. 건강한 사람은 고독을 고통으로 여기지 않는다. 삶의 끝으로 갈수록 인간은 다시 혼자가 된다. 타인 없이도 단단한 사람만이 누군가와도 건강하게 함께할 수 있다.

035

소중할수록 무심해야 관계가 오래간다

— 아르투어 쇼펜하우어

감정의 간격

사람은 가까워질수록 집착한다. 마음의 크기만큼 소유하고 싶어지고 자신이 기대하는 만큼 확인받고 싶어 한다. 소중할수록 더 조심하지 않으면 애정은 욕망으로 변하고 관계는 의존으로 변한다.

인간관계가 무너지는 이유는 감정이 식어서가 아니라 감정이 과해지기 때문이다. 진정한 관계는 뜨거운 감정 위에서가 아니라 절제된 거리 위에서 성립된다.

무심함은 냉정한 것과 다르다. 냉정이 감정을 부정하는 거라면 무심함은 감정을 관리하는 것이다. 무심한 사람은 상대방을 존중하지 않는 사람이 아니라 자신의 감정을 통제할 줄 아는 사람이다.

감정이 깊을수록 우리는 상대를 통해 자신을 증명하려 든다. 그 순간부터 관계는 순수성을 잃고 타인은 소유의 대상이 된다. 관계를 지키려는 마음이 오히려 관계를 무너뜨린다.

대부분의 불행은 의존에서 시작된다. 누군가에게 필요 이상으로 의존하는 순간 그 사람의 행동 하나가 하루의 기분을 좌우하게 된다. 무심한 사람은 혼자 있어도 괜찮은 사람이다.

무심하다는 것은 상대를 있는 그대로 두는 용기다. 적절한 거리를 유지하는 사람만이 끝까지 사람을 잃지 않는다. 감정의 절제가 관계의 깊이를 만든다.

036

나 없이는 세상이 존재할 수 없고
세상 없이는 내가 존재할 수 없다

— 아르투어 쇼펜하우어

영원히 닿지 않는 거리

인간의 삶은 관계의 연속이다. 태어나면서부터 우리는 가족을 통해 자신이 누구인지 깨닫는다. 친구와의 관계 속에서 세상과 소통하는 법을 배운다. 타인과의 상호작용을 통해 자신의 성격과 특성을 파악해 나간다.

그러나 진정으로 서로를 깊이 이해하고 연결되는 일은 드물다. 속마음을 나눴다고 생각했는데 여전히 서로를 완전히 이해하지 못하거나 오랜 시간을 함께 했음에도 불구하고 결정적인 순간에는 상대방이 낯설게 느껴지기도 한다.

주체와 객체는 서로에게 절대적으로 의존한다. 나는 타자, 세상을 통해서만 나 자신을 제대로 인지할 수 있다. 반대로 세상도 우리의 인지 없이는 아무 의미도 없다. 주체와 객체는 어느 한쪽이 다른 한쪽을 초월하거나 독립적으로 존재할 수 없다.

인간관계가 그토록 괴로운 이유는 우리가 상대방과 완벽히 하나가 되려고 하기 때문이다. 하지만 진정한 소통은 서로가 결코 완전히 같아질 수 없다는 것을 받아들이는 데서 시작한다. 상대방과 나 사이에는 절대 닿을 수 없는 거리가 있다는 사실을 인정하면 서로의 차이를 이해하게 되고 서로의 다름을 존중하게 된다.

037

가까워지면 가까워질수록
상처를 주는 것, 그것이 인간이다
— 아르투어 쇼펜하우어

고슴도치 딜레마

깊은 숲속에서 고슴도치 무리가 매서운 바람과 한기에 몸을 떨고 있었다. 고슴도치들은 어떻게든 서로에게서 온기를 얻으려 가까이 모여들었다. 처음엔 서로의 온기가 반가웠다.

하지만 예상하지 못한 문제가 생겼다. 서로 가까워질수록 상대방의 날카로운 가시가 고통스럽게 몸을 찔렀다. 고슴도치들은 결국 다시 조금씩 거리를 벌리기 시작했다. 서로에게서 다시 멀어지자 곧바로 추위가 온몸을 강타했다.

몇 번의 시행착오 끝에 고슴도치들은 결국 서로에게 크게 상처 주지 않으면서도 적당히 온기를 나눌 수 있는 거리를 발견하게 되었다. 완벽한 밀착은 아니지만 완벽한 고립도 아닌 최선의 타협점을 찾은 것이다.

사람의 인간관계 역시 고슴도치와 닮았다. 다른 사람과의 관계에서 본능적으로 따뜻함과 친밀함을 갈구한다. 그러나 막상 가까워지려 하면

예상하지 못한 상처를 경험한다. 거리를 두면 외로움과 공허함이 다시 밀려온다.

행복하고 인간다운 삶을 살려면 관계에서 오는 상처를 감수해야만 한다. 우리가 할 수 있는 가장 현명한 일은 관계의 상처를 피하려고만 하는 것이 아니라 그것을 현명하게 관리하는 것이다.

038

언제나 곁에 있어주는 사람이 친구다

— 아르투어 쇼펜하우어

진정한 우정

응원과 도움은 다르다. 힘들어하는 사람에게 할 수 있다고 말해주는 것
은 응원이지 도움이 아니다. 도움은 그 사람의 문제를 해결할 수 있는
직접적인 해답을 제공하는 것이다.

누군가가 정말 내 편이라고 생각해서 도움을 요청했는데 망설이는 모
습을 보인다. 나는 그 사람을 정말 내 편이라고 생각했는데 정작 도움
을 청하니 태도가 달라진다. 상처는 이때 가장 크게 받는다.

한 개인에게 일어나는 우연한 사건들은 전체를 놓고 보면 균형을 이루
게 된다. 고통은 삶의 본질적인 요소이며 삶과 분리될 수 없다. 그렇다
면 사랑, 고귀함이 타인을 위해 할 수 있는 것은 딱 하나다. 고통을 덜
어주는 것이다.

진정한 우정은 항상 이기심과 동정이 혼합된 형태로 나타난다. 우정의
이기심은 친구와 함께하는 시간을 즐긴다는 것에서 형성된다. 동정은

친구의 고통을 나도 겪을 수 있는 고통이라고 상상하기 때문에 슬픔을 느끼는 것이다.

진정한 친구란 어떤 상황에서든지 함께 웃어주고 함께 울어주는 사람이다. 진정한 친구라면 응원과 도움이 일치할 것이다.

039

자식의 성격을 결정하는 것은 부모다

— 아르투어 쇼펜하우어

가족이라는 전쟁터

결혼은 엄밀히 따지자면 이성적인 행위와는 거리가 있다. 너무나도 다른 환경에서 성장해온 두 사람이 하나의 가정을 이루기 위해선 반드시 각자가 지닌 기질과 욕망 일부를 버려야 한다.

사랑이라는 감정을 통해 부부로 맺어진 두 사람은 처음에는 자신이 포기한 것들에 대해 아무런 미련이 없는 듯 보인다. 하지만 그것은 후에 어떤 거대한 사건이 발생함과 함께 폭발하기 시작한다. 바로 자녀의 탄생이다.

자녀가 탄생함과 동시에 부모는 자신이 희생했던 기질과 욕망 같은 것들을 자녀에게 투영하려 들기 시작한다. 자신이 좋아했던 취미생활을 자녀에게도 권하고 서로가 입히고 싶은 옷이 달라 다투기도 한다.

자녀 역시 커가면서 자아가 생기고 가치 충돌이 일어난다. 이때 자식의 성격을 결정하는 것은 아버지의 의지와 어머니의 지성이다. 의지는 본

능적 충동, 욕망, 행동의 동기라면 지성은 이성적 사고, 이해력, 판단력이다.

개별적인 인간의 차이는 부모에게서 발생하는 경우가 많다. 이런 생각을 하면 모든 것이 조심스러워진다. 부모의 작은 행동과 말이 아이에게 큰 영향을 미칠 수 있기 때문이다.

040

때로는 믿는 척을 하고
때로는 믿지 않는 척을 해라

— 아르투어 쇼펜하우어

본성의 수싸움

순진한 사람들은 인간관계를 정원처럼 여긴다. 그러나 현실은 그 반대다. 대부분의 관계는 이해관계가 충돌하는 전쟁터에 가깝다. 겉으로는 웃고 있지만 속으로는 계산하고, 겉으로는 친절하지만 마음속에서는 이익을 따진다.

그런 세상에서 순진함은 미덕이 아니라 약점이 된다. 사람 사이에서 무조건 정직하거나 모든 말을 곧이곧대로 믿는 것은 위험하다. 이런 세상에서 살아남는 법은 하나다. "때로는 믿는 척하고, 때로는 믿지 않는 척하라." 그것은 위선의 기술이 아니라 생존의 기술이다.

처세에 능한 사람들은 진심을 감추는 법을 안다. 누군가 거짓말을 한다고 느껴질 때 정직하게 말하지 않는다. 오히려 아무렇지 않게 그의 말을 받아들이는 척한다. 그러면 상대는 안심하고 방심한다.

세상은 착한 사람을 존중하지 않는다. 대신 현명하게 거리를 유지하는

사람을 두려워한다. 사람을 너무 쉽게 믿지 말라. 그러나 아무도 믿지 않는 냉소적인 사람도 되지 말라. 그 사이의 균형, 바로 '믿는 척과 믿지 않는 척'의 경계에 서야 한다.

인간관계는 결국 하나의 게임이다. 다만 이 게임에서 중요한 것은 상대를 속이는 것이 아니라 속지 않는 법을 배우는 것이다. 인생에서 맺는 관계는 누가 더 오래 남느냐가 중요하다.

041

누군가의 잘못을 그냥 잊는다면
그는 반드시 같은 잘못을 또 저지른다

— 아르투어 쇼펜하우어

용서의 모순

사람은 누구나 실수를 한다. 상처받은 사람은 상대가 소중한 사람일수록 관계를 지키고 싶은 마음 때문에 그 잘못을 억지로 잊으려 한다. 그러나 진심으로 반성하는 사람은 극히 드물다.

대부분은 "이 사람은 나를 쉽게 받아들이는구나"라고 생각하며 같은 잘못을 반복한다. 사람은 의외로 계산적이어서 한 번 용서받은 경험이 있으면 그 관계에서 어디까지가 허용되는지를 재빠르게 배운다. 결국 상대의 관대함을 감사하기보다 오히려 만만함으로 착각한다.

용서는 결코 모든 것을 덮는 행위가 아니다. 때로는 단호함이 상대를 바로 세운다. 아무 일도 없던 것처럼 넘어가는 태도는 착함이 아니라 무책임이다. 사람은 자신이 저지른 행동의 결과를 통해서만 배운다.

누군가의 잘못을 무조건 잊는다는 것은 그 사람에 대해 얻은 귀중한 경험을 스스로 버리는 일이다. 우리가 겪은 상처는 그 세계의 지도를 완성

시킨 흔적이다. 그 경험을 잊는다는 것은 그 지도를 찢어버리고 눈을 가린 채 다시 길을 떠나는 일과 같다.

좋은 사람은 너그러워야 하지만 현명한 사람은 기억할 줄 알아야 한다. 잊지 않는다는 것은 미워한다는 뜻이 아니라 다시는 같은 상처를 허락하지 않겠다는 뜻이다. 쉽게 용서하지 마라.

042

한번 무너진 신뢰는 돌아오지 않는다

— 아르투어 쇼펜하우어

신뢰의 중요성

사람이 사람에게 기댄다는 것은 모래 위에 집을 짓는 행위와 같다. 언제 무너질지 모를 위태로운 바탕 위에 가장 소중한 것을 올려놓는 위험한 선택이다. 작은 실수 하나가 모든 것을 순식간에 쓸어 가듯 믿음 역시 단 한 번의 배신으로 돌이킬 수 없는 파멸을 맞는다.

믿음이란 스스로의 노력, 의도와는 별개로 타인이 내리는 평가다. 자신의 행동이 흠이 없다고 확신해도 타인의 시선이 그렇지 않으면 모든 것은 헛될 뿐이다. 더욱이 한 번 깨진 믿음은 이전과 같은 상태로 결코 돌아갈 수 없다. 깨진 도자기의 금을 아무리 정교히 이어 붙인다고 해도 원래의 온전함을 되찾을 수 없다.

믿음을 저버린 이는 끊임없는 불안과 의혹의 시선을 견디며 존재 자체가 흔들리는 고통을 겪게 된다. 그런데도 인간은 종종 순간의 유혹, 이익을 위해 쉽게 배반을 선택한다. 한 번 무너진 믿음이 되돌릴 수 없는

심각한 결과를 초래한다는 것을 알면서도 일시적인 이득에 눈이 멀어 삶의 기초를 스스로 허물어 버린다.

사람 사이의 유대는 눈에 보이지 않는 가장 강력하면서도 동시에 가장 허약한 끈이다. 한 번 끊어지면 어떤 노력으로 다시 온전히 이어 붙일 수 없다. 배신은 영원히 지워지지 않는 흔적을 남긴다.

043

성격은 바뀔 수 있어도
본성은 바뀌지 않는다

— 아르투어 쇼펜하우어

타고난 본성

사람은 바뀐다고 믿고 싶어 한다. 하지만 세월이 아무리 흘러도 바뀌는 것은 표현의 방식뿐이고 그 사람의 근본적인 본성은 변하지 않는다.

성격은 환경의 영향을 받는다. 하지만 그 변화는 표면적인 조정일 뿐이다. 마음속 깊은 곳에서 움직이는 힘, 무엇을 원하고 두려워하고 욕망하는가와 같은 방향성은 태어날 때부터 새겨져 있다.

실패를 겪으면 신중해진다. 상처를 받으면 조심스러워진다. 그러나 그것은 태도이지 본성의 변화는 아니다. 인간은 상황에 맞게 행동을 바꾸더라도 시간이 지나면 본래의 기질이 서서히 드러난다.

성격은 하루아침에도 변하지만 본성은 평생의 시간 속에서도 거의 흔들리지 않는다. 본성은 위기의 순간에 모습을 드러낸다. 평온할 때는 감춰져 있을 뿐이다.

본성은 도덕과 교육보다 더 깊은 곳에 있는 영역이다. 가르침으로 사람

을 착하게 만들 수는 있어도 욕망의 형태까지 바꿀 수는 없다. 욕망은
지식보다 오래 살고 본능은 논리보다 강하다. 본성은 언젠가 반드시 그
틈으로 스며 나온다.

044

헤어짐은 작은 죽음이고
만남은 다시 살아나는 기적이다

— 아르투어 쇼펜하우어

만남과 이별

인간이 살아가면서 피할 수 없는 것은 만남과 이별이다. 살다 보면 무수히 많은 만남과 헤어짐을 겪게 된다. 만남과 이별은 단순한 사건이 아니라 삶과 죽음이라는 인간의 가장 깊은 본질을 축소한 형태다. 모든 이별은 우리에게 죽음의 모습을 미리 엿보게 한다.

누군가와 헤어진다는 것은 삶의 작은 죽음과도 같다. 익숙한 존재가 갑자기 낯선 부재로 바뀌는 순간 마치 작은 죽음을 경험하듯 깊은 상실감을 느끼게 된다. 이때 우리의 내면은 깨닫는다. 고요한 슬픔 속에서 삶이 유한하다는 것과 덧없다는 것을 온몸으로 느낀다.

하지만 인간은 놀랍게도 이 죽음의 그림자 속에서 삶의 아름다움을 더 진하게 느낀다. 누군가를 잃었다가 다시 만나는 순간 말로 표현하기 힘든 벅찬 감정이 찾아온다. 이렇게 재회는 죽음에서 다시 살아난다는 의미의 부활과도 닮아 있다.

인간은 이별을 통해 삶의 유한성을 깨닫고 재회를 통해 살아 있다는 것 자체의 소중함을 더욱 생생히 느낀다. 이렇게 반복되는 상실과 회복의 과정에서 죽음이 단지 끝이 아니라 새로운 의미와 가능성을 열어 주는 또 다른 시작임을 배우게 된다.

쇼펜하우어 인생수업 필사집

초판 1쇄   2026년 02월 25일

지은이   쇼펜하우어 저 | 김지민 엮음
마케팅 책임   염시종 고경표
편집   이세준
디자인   차유진
펴낸곳   (주)하이스트그로우
이메일   highest@highestbooks.com
출판등록   2021년 5월 31일 제2025-253호

책값은 뒤표지에 있습니다.
ISBN 979-11-93282-65-6 (03190)

"인생이 흔들릴 때마다
펼쳐봐야 할 든든한 나침반"

쇼펜하우어 인생수업
한 번뿐인 삶 이렇게 살아라

"쇼펜하우어를 한번 읽은 사람은
더는 예전과 같을 수 없다."

쇼펜하우어 인생수업 II
한 번뿐인 삶 이렇게 살아라